AF242538

LES
COLLÉGES ÉLECTORAUX

ET LA

CHAMBRE DES DÉPUTÉS

TELS QUE

LA RAISON ET LE SALUT DE L'ÉTAT
LES RÉCLAMENT ;

Précédés d'une Notice Historique sur les Lois d'Élection et les Colléges Électoraux; et suivis 1º. de la Liste des Membres des Gouvernemens Provisoires et des Ministres, par ordre chronologique; 2º. par distinction de Ministères ; 3º. d'un Tableau des Époques d'Ouverture et de Clôture des Colléges Électoraux et des Chambres ; 4º. d'un Tableau Numérique des Votans, distribués en cinq Sections : Côté et Centre droits, Centre, Côté et Centre gauches ; depuis 1814 ; 5º. du Texte de la Loi actuelle d'Élection.

PAR UN ILOTE BRESTOIS.

Rien n'est plus utile qu'un Écrivain qui consacre ses Veilles à dissiper les préjugés, à éclairer les esprits, à inspirer aux Peuples le respect pour les Lois, la Religion et la Morale. (*Discours de M.* DE BARNONVILLE, *Avocat du Roi, dans l'Affaire du Sieur* Darouville.

A BREST,

DE L'IMPRIMERIE DE F. MICHEL,

IMPRIMEUR DU ROI, ET LIBRAIRE.

1ᵉʳ. Novembre 1822.

Observation.

———

LE titre que j'ai choisi paraîtra peut-être
trop ambitieux. Il m'a fait d'abord reculer
moi-même, et déjà j'y avais renoncé ; mais
l'attention qu'il doit attirer m'y a ramené.
D'ailleurs on croira sans peine que je n'ai
pas l'orgueilleuse et ridicule prétention de
vouloir réformer les Lois, ni d'attaquer la liberté de la Tribune et l'indépendance de la
Chambre. Demander que les Colléges Électoraux soient délivrés de la funeste influence
des ennemis de l'Autel et du Trône ; que les
factieux ne trouvent pas dans la Chambre le
droit d'asile que les criminels allaient chercher près des autels, à Athènes et à Rome ;
que les Débats cessent d'offrir l'exemple du
scandale, et que la licence ne soit plus sub-
stituée à la Liberté : voilà mon but. Ces ré-
clamations, dictées par un zèle ardent pour
le bien de mon pays, ne sont pas, je crois,
étrangères à mon titre, qui serait encore

applicable quand cet Opuscule se bornerait
à ces seuls mots :

*Le Vœu de la France est que les
Colléges Électoraux et la Chambre des
Députés soient essentiellement Monar-
chiques.*

LES COLLÉGES ÉLECTORAUX

ET

LA CHAMBRE DES DÉPUTÉS

TELS QUE

LA RAISON ET LE SALUT DE L'ÉTAT LES RÉCLAMENT.

Quand une Loi fondamentale établit une forme quelconque de Gouvernement, son but est sans contredit de poser les principes nécessaires à sa durée et à sa consolidation. Les Lois, les Règlemens, les Institutions qui en sont la conséquence doivent tendre à la même fin : tout doit être démocratique dans un état républicain; il faut au contraire que tout soit monarchique sous l'autorité d'un Roi. C'est un axiome qui n'a pas besoin d'être démontré. Par quelle fatalité des maximes si évidentes sont-elles devenues pour ainsi dire problématiques ? C'est sur le tronc pourri de l'arbre sanglant de la Liberté que le parti (*) voudrait enter la tige renaissante des Lis ! C'est en vain, ces deux plantes sont tout-à-fait hétérogènes.

La Charte que le Roi nous a donnée doit être

(*) Je préviens que je n'applique le mot *Parti* qu'au Parti Libéral. La masse des Sujets du Roi ne peut s'appeler un Parti, c'est la Nation Française.

nôtré unique Boussole. Les Royalistes l'aiment et lui seront fidèles : les Libéraux ne peuvent la répudier, puisqu'ils l'invoquent sans cesse. On paraîtrait d'accord sur ce premier point, si essentiel; d'où vient donc la divergence d'opinions ? Le voici : les Royalistes veulent la Charte dans l'esprit monarchique qui l'a dictée : les Libéraux veulent y trouver la Constitution de 91, quelques-uns même celle de 93. Un paragraphe du Préambule de cet acte solennel, et un passage du Discours de Mgr. le Chancelier, en le présentant aux Chambres, feront assez connaître l'intention de son auguste Auteur.

« En même tems que nous reconnaissions » qu'une Constitution libre et *monarchique* » devait remplir l'attente de l'Europe éclairée, » nous avons dû nous souvenir aussi que notre » premier devoir envers nos Peuples était de *con-* » *server, pour leur propre intérêt, les droits et* » *les prérogatives de notre Couronne.* Nous avons » espéré qu'instruits par l'expérience ils seraient » convaincus que *l'Autorité suprême* peut seule » donner aux Institutions qu'elle établit la force, » la permanence et la majesté dont elle est elle- » même revêtue; qu'ainsi, lorsque la sagesse des » Rois s'accorde librement avec le vœu des » Peuples, une Charte Constitutionnelle peut être » de longue durée; mais que, *quand la violence* » *arrache des concessions à la faiblesse du Gou-*

» vernement, *la liberté publique n'est pas moins*
» *en danger que le trône même.* » (Préambule
de la Charte.)

« Il faut à la France un pouvoir royal, pro-
» tecteur sans pouvoir devenir oppressif ; il faut
» au Roi des *sujets aimans et fidèles,* toujours
» libres et égaux devant la Loi. L'autorité doit
» avoir assez de force pour déjouer tous les partis,
» *comprimer toutes les factions,* en imposer à
» tous les ennemis qui menaceraient son repos
» et son bonheur. » *(Discours de* Monseigneur
le Chancelier, *à l'ouverture de la Session du 4
Juin* 1814.)

Après un exposé si positif, il est facile de voir
qu'en consacrant une liberté raisonnable, la
seule que tout homme sensé et ami de l'ordre
puisse désirer, la Charte doit conserver son caractère essentiellement monarchique. Ainsi com-
prise, ainsi exécutée, elle ramènerait bientôt
l'union et la tranquillité parmi nous. Mais c'est
chercher à la détruire que de vouloir lui associer
la démagogie.

Il n'entre pas dans mon plan de démontrer
cette importante vérité, d'ailleurs assez éclaircie
par des écrivains et des orateurs distingués. Je
dois me borner à ce qui est relatif aux Colléges
Électoraux et à la Chambre des Députés.

Le Roi, à sa première rentrée, avait adopté le
Corps-Législatif de Bonaparte, en lui donnant

le nom de Chambre des Députés. C'est à cette Assemblée que fut présentée la Charte ; c'est elle qui l'accueillit avec un enthousiasme presque -universel. C'est encore cette Chambre entière, réunie à celle des Pairs, qui, dans la Royale et à jamais mémorable Séance du 16 Mars 1814, de bout et les mains étendues vers le trône, s'écriait avec transport : *Vive le Roi ! Mourir pour le Roi ! Le Roi à la vie, à la mort !* Elle se sépara le 19 Mars. L'Usurpateur ne la retrouva plus.

Le Roi, voulant augmenter le nombre des Députés, prononça la dissolution définitive de cette Chambre, par Ordonnance du 13 Juillet 1815. S. M. y manifestait aussi l'intention de modifier, conformément à la leçon de l'expérience et au vœu bien connu de la Nation, plusieurs Articles de la Charte, touchant les conditions d'Éligibilité, etc. Ce sont les Articles 16, 25, 35 à 46. L'Ordonnance du 5 Septembre 1816 a renversé ce projet.

La même Ordonnance du 13 Juillet 1815, en convoquant une nouvelle Chambre, dut établir un mode d'Élection provisoire, puisqu'il n'existait pas de Loi sur cette matière. Les Élections furent faites par des Colléges formés à l'instar de ceux que Bonaparte avait créés. Une autre Ordonnance du 21 Juillet autorisa les Préfets à ajouter aux Colléges de Départemens 10 Membres choisis parmi les 30 plus imposés, et

10 pris parmi les citoyens ayant rendu des services à l'État ; 10 de ces derniers furent aussi
adjoints aux Colléges d'Arrondissemens. Les
Colléges de Départemens choisirent les Députés
parmi les Candidats présentés par les Colléges
d'Arrondissemens, et nous eûmes la *Chambre
Introuvable*. On a remarqué qu'à ces Élections
le nombre de votans fut à peu près triple de
celui qui nomma la Chambre des Représentans
des cent jours.

Une Loi d'Élection était à faire : le Roi
envoya un Projet à la Chambre, le 18 Décembre 1815, par M. De Vaublanc, Ministre
de l'Intérieur. Ce Projet instituait des Colléges
de Cantons, et des Colléges de Départemens.
Les premiers, formés des 60 plus imposés et
de tous les principaux Fonctionnaires du Canton, nommaient les Électeurs de Départemens,
et les Candidats pour le Conseil Général de
Département et pour le Conseil d'Arrondissement. Les seconds se composaient des Évêques
et Archevêques, des 60 plus imposés du Département, des 10 plus imposés parmi les Négocians
et les Manufacturiers, des Membres du Conseil
Général de Département, des Présidens, Pro-
cureurs Généraux et premiers Avocats Généraux des Cours Royales, payant 300 fr. d'im-
positions directes ; enfin des Électeurs nommés
par les Colléges de Cantons. Ce Collége devait

choisir les Députés parmi les Candidats désignés par les Colléges de Cantons. Prévoyant l'avenir, le Ministre, homme d'état, faisait sentir, dans l'exposé des motifs, les funestes résultats que pouvait avoir le pouvoir électoral, *s'il n'était sagement combiné, et fortement retenu dans de sages limites ;* il voulait *que ce pouvoir fût subordonné et dépendant.* « Ne séparez pas, » disait-il, les intérêts de la Monarchie de ceux » de la Patrie. *Songez que le pouvoir électoral » peut devenir son plus dangereux ennemi.* » Il faut observer que, quand ce Projet fut présenté à la Chambre, le Gouvernement n'avait pas encore renoncé à l'intention de modifier quelques articles de la Charte; peut-être même pourrait-on considérer ce Projet comme le développement d'une partie de ces modifications. Après plusieurs jours de discussion, M. De Villèle, rapporteur de la Commission, donna lecture du Projet amendé (1er. Septembre 1816), d'après lequel les Colléges de Cantons étaient formés de tous les Citoyens du Canton ayant 25 ans, et payant au moins 50 fr. de contributions directes. Les Colléges de Départemens devaient être composés de 150 Électeurs au moins et de 300 au plus. Une liste de Candidats pour le Collége de Département devait être fournie à chaque Collége de Canton, qui choisissait le nombre qui lui était assigné.

Tous les Citoyens âgés de 30 ans, et payant 300 fr. de contributions, y auraient été inscrits. Pour compléter cette liste, qui devait porter un nombre de Candidats au moins doublé de celui des Électeurs, on aurait pris d'abord les Citoyens de 25 à 30 ans, et payant 300 fr.; subsidiairement les plus imposés âgés de 30 ans. Aux Électeurs de Départemens seuls appartenait le droit de nommer les Députés et des Candidats pour le Conseil Général. L'admission de plusieurs amendemens importans nécessita la rédaction d'un nouveau texte, qui fut adopté par 180 votans contre 132. Dans ce dernier Projet, les Colléges de Cantons prenaient la dénomination d'Assemblées électorales d'arrondissemens. Tous les Citoyens âgés de 30 ans, et payant 300 fr., étaient portés sur la liste des Candidats au Collége de Département, dont le premier tiers se formait de droit des plus imposés ; le renouvellement de la Chambre était intégral et quinquennal. Tels sont les principaux changemens faits au Projet de la Commission. Mais la Chambre des Pairs, dans sa séance du 3 Avril 1816, sur l'avis de sa Commission, rejeta le Projet. Il y avait 146 Membres, dont 89 ont voté pour le rejet.

La clôture de la Session de 1815, faite le 29 Avril 1816, a donc encore laissé la France sans loi d'Élection.

Une Ordonnance du 7 Mai nomma M. Laîné Ministre de l'Intérieur, en remplacement de M. le Comte De Vaublanc.

M. De Cazes, encore simple Préfet de Police, semblait exercer déjà une grande influence, quand parut la trop fameuse Ordonnance du 5 Septembre 1816. Nommé Ministre de la Police Générale dans le même mois, devenu Ministre de l'Intérieur et de la Police, le 29 Décembre 1818, Président des Ministres le 19 Novembre 1819, il n'a quitté que le 21 Février 1820 le timon de l'État, qu'il a tenu pendant plus de quatre longues années. Les événemens ont prouvé combien sa conduite a été indécise et versatile ; il est le créateur du *Systéme de Bascule*, qui malheureusement a survécu long-tems encore à sa puissance, et qui, pesant fortement sur le côté droit du balancier, le tenait presque continuellement abaissé, tandis que le côté gauche restait à un haut point d'élévation. Ennemi des Royalistes par inclination, M. De Cazes s'en est quelquefois rapproché par nécessité. Mais lors même qu'il paraissait les caresser, il ne leur faisait que des promesses vaines et fallacieuses : les Libéraux, plus adroits et plus favorisés, en obtenaient des concessions nombreuses et très-importantes.

A cette époque, la marche du Gouvernement changea avec le Ministère. La route frayée fut abandonnée , et l'on se jeta inconsidérément, sous la direction d'un conducteur aveugle, dans un sentier étroit, tortueux , et sans autre issue qu'un précipice.

L'Ordonnance du 5 Septembre, qui avait préparé ce changement, reçut son exécution. Elle avait dissous la *Chambre Introuvable* , et déclarait que les changemens annoncés à quelques articles de la Charte n'auraient pas lieu. Elle convoquait les Colléges Électoraux, composés conformément aux Ordonnances des 13 et 21 Juillet 1815. Les Colléges de Départemens se réunirent le 4 Octobre. Ils étaient tenus de choisir au moins la moitié des Députés parmi les Candidats désignés par les Colléges d'Arrondissemens , qui s'assemblèrent le 25 Septembre. Tous les Fonctionnaires , tous les Employés du Gouvernement furent envoyés à leurs Colléges ; des prisonniers même reçurent des sauf-conduits pour s'y rendre; aucun moyen ne fut négligé pour se créer, dans cette Chambre, une majorité qu'on n'avait pas dans la précédente, et le Ministère y réussit d'autant plus facilement que le nombre des Députés fut réduit de 402 à 258. La Session de 1816 s'ouvrit le 4 Novembre , et, dans la séance du 28 , la Chambre reçut la communication d'un Projet de Loi d'Élection , présenté par M. Lainé, Ministre de l'Intérieur.

. Ce Projet détruisait le double degré, jusqu'alors reconnu, et n'admettait plus que des Colléges de Départemens. Il accordait la qualité d'Électeur à tout Français âgé de 30 ans, et payant 300 fr. de contributions. Cette innovation était-elle conforme ou contraire à la Charte ?

L'Article 40 est ainsi conçu :

« Les Électeurs qui concourent à la nomina» tion des Députés ne peuvent avoir droit de » suffrage, s'ils ne paient une contribution di» recte de 300 fr. et s'ils ont moins de 30 ans. »

Conclure de cet Article que *tous* les Citoyens remplissant les conditions exigées, devaient concourir à l'Élection, n'était-ce pas lui donner une trop grande extension, n'était-ce pas aller au-delà du but ? En effet si telle eût été l'intention des Rédacteurs de la Charte, pourquoi, au lieu de torturer leur pensée par l'expression, ne l'eussent-ils pas rendue simplement ? le Ministre avait senti d'avance toute la force de cette objection, et, dans son Rapport, il l'élude plutôt qu'il ne la combat. « N'appeler, dit-il, qu'une » partie des Français que la Charte a désignés » pour concourir à la nomination des Députés, » ce serait jeter entre eux un germe de discorde, » et créer des embarras qu'on évite en les ap» pelant *tous*. » Cette déclaration évasive n'est-elle pas l'aveu tacite d'une fausse interprétation

donnée à la Loi fondamentale ? « Les Électeurs
» *qui concourent* à la nomination des Députés,
» *ete.*, dit le même Article 40. » Le Gouvernement n'avait pas vu jusqu'alors dans cet
énoncé le droit, pour chaque Électeur, de *concourir directement* à la nomination : ici il le
reconnaît. À l'appui de cette détermination le
Ministre donne ce motif : « On arrête ainsi
» l'effet des petites et obscures influences pour
» assurer celui des influences grandes et lé-
» gitimes, et on garantit d'avance à la Nation
» que la Chambre des Députés ne sera com-
» posée que d'hommes réellement considérables,
» effectivement revêtus de la confiance de leurs
» concitoyens, et vraiment dignes et capables
» par leurs talens, leur existence et leur carac-
» tère, de concourir à la confection des Lois. »
M. Lainé lui-même confirmerait-il aujourd'hui
ce pompeux et rassurant pronostic ? M. Bourdeau, Rapporteur de la Commission, ratifie-
rait-il celui-ci, qui n'en diffère guères ? « Aux
» Assemblées nombreuses l'intrigue s'agitera
» vainement; les partis, les intérêts privés de
» toute espèce y échoueront : la médiocrité
» rampera : les grandes fortunes, les talens su-
» périeurs, les services éminens rendus à l'État
» s'élèveront sans effort au-dessus de toutes les
» cabales, de toutes les prétentions. » L'expérience a décidé la question, et les argumens

des Membres opposans sont restés intacts, et n'ont rien perdu de leur force. Qu'on lise le Discours prononcé par M. De Villèle dans cette discussion; on y trouvera une logique si serrée, il paraîtra si beau, si concluant, qu'on s'étonnera peut-être qu'il n'ait pas tranché la difficulté. L'honorable Orateur démontre avec évidence que, si on adopte le Projet, on livre les Élections aux Contribuables de 3 à 500 fr., qui sont sans contredit en majorité. En rappelant le Projet présenté dans la précédente Session, il s'exprime ainsi : « Il était (ce Projet) tout-» à-fait en opposition avec le systême qu'on » nous présente aujourd'hui comme un systême » politique qu'il ne faut même pas chercher à » approfondir, de crainte de commettre un » sacrilége ».... « Ce Projet, il est facile de » l'apercevoir, ne tend qu'à placer les Élections » des Députés sous l'influence des Ministres, » etc. » Un autre Orateur, non moins distingué, M. De Corbières, disait : « Si vous lancez dans » l'arêne des Élections deux classes rivales, seules, » et pour la première fois sans intermédiaires, » n'êtes-vous pas effrayés de ce combat corps » à corps ? Ah ! croyez que de quelque côté que » soit la défaite elle sera funeste à tous ! »

Un amendement à l'article 6, tendant à admettre deux degrés, a été rejeté à la majorité de 118 voix contre 106. Quand on a procédé

au

au scrutin sur l'ensemble du Projet, il y avait 232 votans : 152 ont voté pour l'adoption, et 100 pour le rejet.

Voici les noms de MM. les Députés qui ont parlé pour et contre le Projet.

Pour, MM. Royer-Collard, Camille Jordan, Favard De Langlade, De Serre, Sartelon, Becquey, Cuvier, Courvoisier, Faget De Baure, Beugnot, Blanquart De Bailleul, et Boin.

Contre, MM. Caumont, De Villèle, Castel-Bajac, Josse De Beauvoir, Cardonnel, La Bourdonnaye, Cornet D'Incourt, Marquis De Montcalm, Benoist, De Bonald, Piet, Richard, et De Corbières.

Dans la Séance du 11 Janvier 1817, le Ministre de l'Intérieur a soumis à la Chambre des Pairs le Projet amendé par celle des Députés. La Chambre des Pairs l'a adopté le 30 Janvier. Sur 172 suffrages le Projet en a obtenu 95; la majorité était de 87. Sanctionné par le Roi, il est devenu Loi, le 5 Février 1817.

C'est le 20 Septembre suivant que cette Loi a eu son premier effet : ce jour les Colléges Électoraux de Départemens, convoqués par Ordonnance du 20 Août, se sont réunis, et ont procédé au renouvellement de la première série, et à des remplacemens dans quelques Députations incomplètes. Les Membres les plus influens nommés ou réélus sont MM. De Corbières, Comte

De Floirac, Bellart, Baron Pasquier, Roy, De Serre, Bignon, Chauvelin, Laffitte, Casimir Perrier.

Parmi les Membres amenés à la Chambre par la même Loi, pour la Session de 1818, on remarque MM. D'Ambrugeac, Bedoch, De La Fayette, De Limerac, Keratry, Daunou, B. Constant, Manuel, Baron Portal, Saint-Aulaire, Saint-Cricq.

Dans le cours de cette Session, le 20 Février 1819, un honorable Membre de la Chambre des Pairs, M. le Marquis De Barthelemy, y fit la Proposition que le Roi soit *supplié humblement de présenter un Projet de Loi tendant à faire éprouver à l'Organisation des Colléges Electoraux les modifications dont la nécessité peut paraître indispensable.* Le noble Pair, qui avait voté en faveur de la Loi du 5 Février, annonçait n'avoir donné son suffrage que sur la déclaration faite par les Orateurs du Gouvernement que *ce systeme nouveau était un essai que l'on voulait faire, et que la Loi d'Élection étant une Loi d'Organisation, si l'essai n'en répondait pas à l'espoir que donnait le nouveau système, le pouvoir qui faisait la Loi pourrait aussi la modifier.* Deux ans se sont écoulés, dit M. le Marquis De Barthelemy, deux épreuves ont été faites, deux fois le Gouvernement a té-

moigné des alarmes: « C'est par conséquent
» pour moi un devoir de conscience que de
» solliciter aujourd'hui l'effet d'une promesse
» qui a déterminé mon vote. » Cette Proposition importante contrariait bien des vues,
elle effrayait quelques consciences un peu ti-
morées ; aussi fut - elle vivement combattue.
Soutenue par MM. De Pastoret, Vicomte De
Montmorency, De Castellane , Jules De Polignac, Marquis De Clermont-Tonnerre, De
Doudeauville, et De Fontanes : elle fut attaquée
par MM. De Lally-Tolendal, Garnier, Boissy-
D'Anglas, Duc De Broglie, De Marbois, Ri-
chebourg, Lanjuinais, De Malville, Dessoles,
Président des Ministres , Duc De La Roche-
faucault, Duc De Choiseul, Duc De La Vau-
guyon, Maison, etc. M. le Comte De Cazes,
Ministre de l'Intérieur, poussa même la chaleur
de la discussion jusqu'à s'écrier qu'il *considé-
rait une telle proposition comme la plus
funeste qui pût sortir de la Chambre.* Cette
imprudente déclaration n'empêcha pas la
Chambre des Pairs de prendre la Proposition
en considération , et de l'adopter, le 2 Mars, à
une majorité de 98 voix contre 55 (1); Mais
elle ne retentit que trop bien au - dehors. Les
puissances du Libéralisme s'agitèrent pour ar-

______

(1) Par Ordonnance du 5 Mars, 59 nouveaux Pairs furent nommés.

rêter l'exécution d'une mesure qui devait les anéantir. Dès le 25 Février, M. Laffitte avait déposé sur le bureau de la Chambre des Députés la Proposition d'une Adresse au Roi, *tendant à ce que la Loi des Élections soit maintenue telle qu'elle est, comme la base principale de la paix publique et de la Mornarchie Constitutionnelle.* Ce moyen, comme celui employé par le noble Pair, était légal, et si le Parti s'y fût borné, on n'aurait pas vu éclater les troubles dont plus tard on a eu à gémir. La Proposition de M. Laffitte fut développée, discutée, et rejetée à une majorité très-considérable, le 3 Mars, en comité secret. Il est juste de convenir que beaucoup de Membres la regardèrent comme inutile, puisque la Chambre allait s'occuper de celle de M. le Marquis De Barthélemy. En effet communication en fut donnée à la Chambre dans le comité secret du 15 Mars; la Commission nommée pour son examen fut composée de MM. Bedoch, De La Boullaye, Bellart, Grenier, Doria, Manuel, De Corbières, Beugnot, Royer-Collard. Le Rapport en fut fait, le 16, par M. Beugnot. Suivant la Commission, la *Proposition était vague et incertaine; elle devait se résoudre en une généralité peu significante. La marche suivie est habile,* disait le Rapporteur, *mais est-elle franche ?..* Ainsi se terminait la péroraison : Il nous a donc été démontré que la Proposition

» adoptée par la Chambre des Pairs *recélait*
» *toute autre chose que ce qu'elle exprime na-*
» *turellement;* et que, considérée comme une
» attaque à la Loi des Élections, elle était dénuée
» de motifs et même de prétextes . . (Ah ! Mon-
sieur le Rapporteur, vous montrez bien peu
de respect pour le premier Corps de l'État ! Et
ne pourrait-on pas vous demander à votre tour
si votre marche est bien franche, et si votre déclaration *ne recèle pas toute autre chose que ce*
» *qu'elle exprime !*) Les momens ont ici tout
» leur prix, continue l'Orateur ; que la Chambre
» écoute l'opinion publique qui s'est hautement
» manifestée, et qu'elle se prononce avec fermeté.
» Alors on aura beau s'agiter, les Institutions
» nationales triompheront. Celles-là seules sont
» aujourd'hui monarchiques , parce que celles-
» là seules peuvent garantir la stabilité du trône
» et le repos des peuples. Votre Commission vous
» propose le rejet de la Proposition. »

Dix-sept Orateurs de la Droite , dont faisaient
partie MM. Doria et De Corbières , Membres
de la Commission ; se firent inscrire pour soutenir la Proposition. Parmi les 54 inscrits contre
se trouvent MM. Boin, De Saint-Aulaire , De
Saint - Cricq, Royer - Collard , Courvoisier , Le
Graverand , Bourdeau , Fornier De Saint-Lary ,
Becquey , Delessert. Dans un très-long Discours,
M. Laîné , en se prononçant encore pour le

maintien des bases de la Loi du 5 Février, dont
il a été un des créateurs, a combattu toutes les
objections faites contre la Proposition, comme
il avait récemment démontré les inconséquences
de celle faite par M. Laffitte sur le même sujet.
M. De Serre, Garde-des-Sceaux, a au contraire
attaqué la Proposition. Après le Discours de
S. Exc., la discussion a été fermée, et on a
procédé à l'appel nominal. Il y avait 244 votans ; majorité, 123 : 150 Membres ont voté
contre la résolution, 94 ont voté *pour*.

Une troisième et dernière épreuve de la Loi
du 5 Février eut lieu pour la Session de 1819.
Elle produisit, entre autres Députés, MM. Sa-
voie-Rollin, Sapey, Girardin, Becquey, Courvoisier, GRÉGOIRE, Méchin, Foy, Labbey-Pom-
bières, Beugnot, Demarçay, Beauséjour, Bas-
terèche, Cardonnel, Castel-Bajac.

Le Côté Gauche de la Chambre s'augmentait
au point que déjà il égalait pour ainsi dire
la Droite et le Centre réunis. Il s'y introdui-
sait des hommes qui s'étaient déclarés ennemis
du Roi et de sa Famille ; un Régicide même
y fut élu. A la Session suivante, le Parti libéral
aurait dominé la Chambre. Déjà il faisait éclater
la joie d'un prochain triomphe ; mais en même
tems il craignait qu'il ne lui échappât. De tous
côtés il arrivait aux Chambres des Pétitions pour
le maintien de la Loi du 5 Février. Un Rapport

fait par M. Mestadier, dans la séance du 14 Janvier 1820, sur 139 Pétitions relatives à cet objet, porte le nombre total des signatures (et non des signataires) à 19,057. La Chambre a passé à l'ordre du jour sur les 139 Pétitions , à une majorité de 117 voix contre 112. On sait assez comment toutes ces Pétitions ont été fabriquées, et avec quel soin on les colportait de maison en maison pour obtenir et même pour arracher des signatures : tels étaient les ordres du Comité Directeur.

Le Roi fit , le 29 Novembre, l'ouverture de la Session de 1819. Les Députés avaient été convoqués par lettres closes. M. Grégoire, élu par le Département de l'Isère , n'en ayant pas reçu, ne put se présenter à la Séance Royale. Dans le Discours de S. M. , qui excite toujours l'intérêt , et qui est attendu avec une religieuse curiosité, on remarqua ce passage : « Fondateur » de cette Charte à laquelle sont inséparablement » liées les destinées de mon Peuple et de ma » Famille, j'ai senti que , s'il est une amélio- » ration qu'exigent ces grands intérêts , aussi » bien que le maintien de nos libertés, et qui ne » modifierait quelques formes réglémentaires » de la Charte que pour mieux assurer sa puis- » sance et son action, il m'appartient de la » proposer. »

Lors de la vérification des pouvoirs, une

discussion orageuse s'est élevée relativement à l'admission de M. GRÉGOIRE, qui a été rejeté à une très-grande majorité, pour cause d'*illégalité* et d'*indignité*.

Une inquiétude vague et réelle, annoncée par le Monarque, *préoccupait tous les esprits,* quand l'exécrable attentat du 13 Février vint y répandre la plus grande, la plus douloureuse des consternations. C'est au milieu du deuil général, c'est sur la cendre encore fumante de l'auguste victime, c'est peut-être pour distraire l'attention d'un si funeste événement, dont un honorable Député le déclarait responsable, que M. le Comte De Cazes, Ministre de l'Intérieur, vint, le 15. Février, présenter à la Chambre un nouveau Projet de Loi d'Élection. Le Ministre d'aujourd'hui fait entrer dans ses motifs les efforts des factions révolutionnaires pour renverser le Trône et les grands Pouvoirs de l'État ; il n'espère pas que le Projet *démente toutes les fausses et perfides alarmes,* auxquelles le Ministre de l'année précédente avait, à la Tribune même de la Chambre des Pairs, fait le plus dangereux appel, et dont il s'était rendu l'interprète. *Il ne doute pas que des menaces anarchiques qui voudraient atteindre jusqu'aux consciences des Députés ne se reproduisent au-dehors.* Imprudent ! fallait-il laisser grossir le torrent, avant de lui opposer une digue trop facile à franchir !

Des changemens bien autrement importans, que, ceux réclamés par la Proposition de M. le Marquis De Barthelemy constituent ce nouveau Projet. L'augmentation du nombre des Députés, porté à 450 , en forme le premier article.

Il consacre la nomination des Électeurs de Départemens par les Colléges d'Arrondissemens , à qui est laissée la nomination directe de 258 Députés.

Soit pour être Éligible , soit pour être Électeur, la moitié au moins des cotes fixées devait être payée en contributions, foncières , sans y comprendre les centimes départementaux facultatifs , ni les centimes, communaux.

L'Éligible, ou l'Électeur, doit avoir acquitté l'année précédente le montant de la taxe à laquelle il est imposé pour l'année courante.

Il est tenu, s'il en est requis par un des Membres du Collége, d'affirmer sous serment, qu'il est propriétaire réel ou usufruitier, ou qu'il exerce réellement la profession pour laquelle il paie une patente.

Nul ne pouvait être élu Député dans un Département où il n'avait pas son domicile politique , s'il ne payait pas, dans ce Département, en contributions foncières, la moitié de la cote fixée pour l'éligibilité.

En cas de dissolution de la Chambre, tous les Députés nouvellement nommés siégent pendant cinq ans ; en sorte que le renouvellement par cinquième ne commence qu'à l'expiration de la cinquième année.

Ce Projet apportait en effet de grandes améliorations dans le Système Électoral ; il renversait une foule d'abus que la Loi du 5 Février n'avait pas prévus. Il diminuait l'influence de la petite propriété, et relevait celle de la grande. Il donnait des garanties au Trône et à nos Libertés ; déjà il avait été le sujet de l'examen d'une Commission, quand, le 20 Février, M. De Cazes fut exclu du Ministère. M. le Duc De Richelieu le remplaça comme Président ; M. le Comte Siméon lui fut substitué en qualité de Ministre de l'Intérieur, et M. Mounier dirigea la Police en sa place.

Le Comte Siméon vint, le 17 Avril, présenter un autre Projet, dont le préambule annonçait que S. M. retirait celui du 15 Février. D'après les motifs allégués à l'appui de cette mesure, le Ministre paraissait craindre une opposition trop forte, une discussion trop prolongée, vu l'époque avancée de la Session, qui avait cinq mois de durée. On aurait pu accuser le premier Projet de violer la Charte en augmentant le nombre des Députés ; celui-ci avait pour but de ménager des craintes que le tems ne permettait pas de dissiper suffisamment. Le nombre des Députés devait rester le même. Le Roi, disait le Ministre, *veut encore retarder des améliorations, dont l'utilité est reconnue par des gens de bonne foi, qui seulement les trouvent trop promptes et trop précoces, et désirent que l'expérience en ait mieux justifié les avantages, et les fasse réclamer :* ce qui ne supposait encore qu'une Loi susceptible de révision. En obéissant à l'inévitable besoin du changement, on cédait aussi à d'impérieuses circonstances ; on n'osait pas heurter une opposition qui jetait le cri d'alarme avec une espèce de fureur ; on craignait surtout de lancer dans la faction libérale des Députés encore indécis. Le calcul des votes sur lesquels on pouvait compter ne permettait pas de faire des transfuges : la position était délicate.

L'embarras de ces difficultés se faisait remarquer dans le Projet. Mais, tel qu'il était, il tirait la France du danger imminent qui la menaçait.

Les Électeurs étaient répartis en Colléges de Départemens et d'Arrondissemens ; les Membres des grands Colléges ne faisaient pas partie des petits.

Les plus imposés, jusqu'à la concurrence du cinquième de la totalité des Électeurs, formaient les Colléges de Départemens.

Le Collége de chaque Arrondissement était composé de tous les Électeurs qui ont dans l'Arrondissement leur domicile politique, et

qui ne font pas partie du Collége de Départe-
tement.

· Chaque Collége d'Arrondissement devait nommer autant de Candidats à la Députation que
le Département avait de Députés à élire.

: C'est parmi ces Candidats que le Collége de
Département devait faire son choix.

Pour être Électeur, il fallait payer les contributions prescrites depuis un an.

Il n'entrait que neuf articles dans ce Projet :
la Loi à laquelle il a donné lieu en a onze. (Voyez
à la fin le texte de la Loi.)

La Commission chargée de son examen fut
composée de MM. Magneval, Courvoisier, Paillot
De Loynes, Camille-Jordan, Mousnier-Buisson,
Barrairon, Laîné, Daunou, Foy.

Dans la Séance du 6 Mai, M. Laîné fit le Rapport, et présenta, à la suite de l'exposé des motifs, plusieurs Amendemens adoptés par la Commission. Ces Amendemens n'attaquaient pas le
fond du Projet. 33 Orateurs se firent inscrire
pour soutenir le Projet, et 82 pour le combattre.
Les premiers étaient Membres de la Droite ou
du Centre; parmi les seconds, siégeant presque
tous à Gauche, se trouvaient MM. Royer-Collard,
Verneil - Puirazeau, Camille-Jordan, Courvoisier, Ternaux, Delessert, Saint-Aulaire,
Welch, etc.

Ce fut le 15 Mai que s'ouvrit cette importante

discussion Elle a occupé toutes les Séances jus-
-qu'au 12 Juin, jour de l'adoption. Il en faut cependant excepter plusieurs journées consacrées
-aux Débats qu'ont occasionné les troubles du
mois de Juin.

Au nombre des Amendemens importans il faut
placer d'abord celui de M. Camille-Jordan à l'Article 1er. Il divisait chaque Département en autant
de Colléges d'Arrondissemens que le Département avait de Députés à nommer. Chacun de ces
Colléges nommait directement un Député. Cet
Amendement, en abolissant les Colléges de Départemens, ôtait toute influence à la grande
propriété ; le faire passer était un coup de
maître. Un autre Amendement se trouvant en
même tems en discussion, un scrutin dut dé-
cider lequel obtiendrait la priorité. Le Scrutin
eut lieu, et la priorité fut acquise à l'Amendement de M. Camille-Jordan, à la majorité d'une
seule voix : il obtint 128 suffrages contre 127.
Le dépouillement de ce Scrutin produisit une
sensation agréable au Côté Gauche. C'était la
première épreuve que le Projet subissait : le
Parti en témoignait autant de surprise que d'al-
légresse. Il se flattait du gain de la bataille ; mais
sa joie ne fut pas de longue durée : l'Amendement fut rejeté trois jours après, le 3 Juin, par
133 votans contre 123. La Chambre entière
étant composée de 258 Membres, deux scu-

lement ne prirent point part au Scrutin.

L'Article 1er. a été ensuite adopté à une majorité de 130 contre 125.

L'Amendement de M. Boin, présenté et développé le 7 Juin, est ainsi conçu : « Les Colléges » de Départemens sont composés du quart des » Électeurs les plus imposés, ayant leur domi- » cile politique dans le Département. Ils nom- » meront d'ici à la Session prochaine 172 Dé- » putés, etc. Les Colléges d'Arrondissemens sont » composés de tous les Électeurs désignés par la » Loi du 5 Février, et nommeront 258 Députés. » etc. »

Il a été adopté le 9 Juin, à une grande majorité, 185 boules blanches contre 66 noires. Le Scrutin sur l'ensemble du Projet a terminé la Séance du 12. Sur 249 votans, 154 ont adopté, 95 ont rejeté.

Dès le 14, le Projet, adopté par la Chambre des Députés, fut porté à celle des Pairs. M. le Marquis De Fontanes en fit le Rapport le 22, et la Chambre l'adopta le 28 par 141 votes contre 56.

Les Orateurs qui s'étaient fait inscrire sont :

Pour, MM. Doudeauville, De Brissac, Jules De Polignac, De Saint-Romans, De Castellane, Vicomte De Montmorency, De Sèze, De Lévis, D'Herbouville, De Pastoret, De La Tour-Du-Pin, De Lally Tolendal, Comte De La Bourdonnaie, D'Osmond.

Sur, MM. Germain, De Barante, De Broglie, Lanjuinais, De Lacépède,

Contre, MM. Comte De Ségur, Jourdan, Boissy-D'Anglas, Daru, Cornudet, Catellan, Becker, Duc De Praslin.

Le 29, le Projet fut déclaré *Loi de l'Etat*.

Plus de soixante Discours d'une grande étendue ont été prononcés à la Chambre des Députés, dans cette grave Discussion. Chacun y a étalé toutes les ressources de son esprit et de sa dialectique.

Les Orateurs du Côté Droit et du Centre, alliés pour la *Bataille des Elections*, ont employé leur éloquence à démontrer les vices de la Loi du 5 Février, et la nécessité de la modifier : après avoir amené à la Chambre un Régicide, qui trouva plus d'un défenseur dans son enceinte, elle devait incessamment livrer la France à une Assemblée souveraine exerçant le droit de dissoudre la Monarchie, et de faire asseoir sur le trône de Saint-Louis un audacieux usurpateur. Si le génie de l'Empire trouvait la Loi *bonne*, c'était déjà pour ses adversaires un motif d'en redouter les funestes effets, que d'ailleurs un grand nombre de leurs Collègues avait prévus et annoncés. Pour eux, rejetant les théories métaphysiques et les argumentations subtiles, ils demandaient le maintien du Pouvoir Royal, le repos et la stabilité de l'État,

.et des garanties pour l'avenir. Il importe, disaient-ils, au salut de tous que l'Usurpation ne soit plus aux prises avec la Légitimité.

On vit dans cette lutte décisive des Membres séduits, trompés ou entraînés, faire de généreux aveux et de nobles rétractations : MM. Laîné, Pasquier, De Serre, se rangèrent parmi les plus ardens défenseurs de la Loi nouvelle. Le Ministère entier entra dans la lice, et fit, pour cette fois, cause commune avec les amis de la Royauté. C'est ce même Ministère qui depuis. . . . .

La Loi du 5 Février pesait depuis long-tems sur la conscience des honorables Députés du Côté Droit; ils avaient fait part de leurs craintes à l'Autorité, qui fermait l'oreille à leurs sages remontrances. Trop pénétrés du sentiment de leur devoir pour recourir à des moyens illicites, toujours dangereux, ils avaient gémi en silence sur les malheurs qui menaçaient le Trône et la Patrie. Ils avaient déploré le funeste rejet de la Proposition de M. le Marquis De Barthelemy, ce digne Pair plus recommandable encore par son noble caractère que par ses honorables infortunes.

Cette Proposition si raisonnable , si légale, avait été accueillie avec *répugnance* et animosité dans le camp opposé. Soutenu par l'*Homme funeste ,* le génie du mal l'avait emporté, et la Proposition avait été rejetée. Alors la sûreté de
la France

la France avait encore été mise en question. Cependant le triomphe évident du Parti présageait à l'*Homme funeste*, odieux à tous, une chute très-prochaine. Ce danger personnel, plus efficace que celui de la Monarchie, le tira de son fatal assoupissement. Il conçut le Projet qu'il présenta le 15 Février, et auquel fut substitué celui du 20, devenu Loi. Tout imparfaite que cette Loi put paraître, les Royalistes s'y rattachèrent comme à une ancre de miséricorde. Ils avaient supporté leurs défaites avec résignation, ils jouirent de la victoire avec calme et modestie. Rien de répréhensible dans leur conduite, rien de contraire aux Lois et au bon ordre, rien qui soit susceptible d'exciter le moindre trouble. Les Libéraux en ont-ils agi ainsi ? C'est ce que nous examinerons.

Dans leurs Discours, les Membres de l'Opposition annonçaient que l'adoption du Projet amènerait le retour du Gouvernement absolu, que nous retomberions sous le joug des priviléges et de l'esclavage ; qu'on verrait bientôt remettre en usage les termes de *roturiers* et de *vilains*. L'Aristocratie et l'Olygarchie devaient étouffer les Libertés mourantes, détruire les droits et les intérêts de la Nation. Les biens nationaux étaient en péril. Ces sinistres prophéties se sont-elles réalisées ? La répudiation de la Loi du 5 Février devait pro-

duire la Contre-Révolution...... Est-ce que la
Contre-Révolution n'a pas été faite le jour óù le
Roi est remonté sur le Trône de ses ancêtres ?
Est-ce que nous pouvons cesser d'être en état de
Contre-Révolution, tant que subsistera le Gouvernement monarchique et légitime ? Qu'est-
ce qu'une Contre-Révolution ? Le Dictionnaire
de l'Académie répond : c'est une seconde Révolution en sens contraire de la première, et le
*rétablissement des choses dans leur état pré-
cédent.* Le Roi pouvait rétablir le Gouvernement
tel qu'il était en 89 : s'il en a modifié quelques formes, si même il a adopté quelques-
unes des Institutions et des Lois de la Révolution, c'est de sa propre et entière volonté,
c'est par sollicitude pour le bonheur de son
Peuple ; faut-il en conclure qu'il a consacré la
Révolution ? Non, il l'a amnistiée. Donc, la
Contre-Révolution, qui n'est que l'état contraire
à la Révolution, doit être permanente. Si l'on
devait en croire les déclamations des honorables Députés du Côté Gauche, la Charte était
violée, tant par le rejet de la Loi du 5 Février
que par les articles du nouveau Projet. D'abord
ils ne pouvaient ignorer, et ils savaient fort
bien que la Charte ne défend pas la révision
des Lois : les bonnes sont filles du tems et de
l'expérience. Par conséquent il était permis de
changer, comme une autre, celle qui était de-

venue l'objet exclusif de leur culte , leur Pal-
ladium , leur seconde Charte. Le Projet de M.
De Cazes paraissait contraire à l'article 36 de
la Charte par l'augmentation des Députés , et
à l'article 37 par le renouvellement quinquennal:
ces seuls motifs l'avaient fait retirer ; le Ministère
voulait ôter tout prétexte à la malveillance :
elle eut recours aux subtilités ; elle ne recula
même pas devant les inconséquences. Au mo-
ment où les Orateurs du Parti protestaient de
leur respect pour cette Charte qu'ils disaient
attaquée par leurs adversaires, un d'eux, M.
De Courvoisier, vint proposer un Amendement
tendant à porter à 430 le nombre des Députés ;
qui ne devait être que de 262. Cet Amendement
fut reproduit, avec quelques changemens , par
M. Boin , autre Membre du Côté Gauche, et
fut adopté à une majorité de 185 voix contre
66. Ainsi cette interprétation contestée de l'article 36 de la Charte a été provoquée par la
Gauche , qui a exécuté ce que la Droite et
le Ministère n'avaient osé proposer. Et c'est
le Côté Gauche qui se plaint de la violation
de la Charte !......

Quand Neptune veut susciter l'orage, con-
jurer la tempête , il fait sortir tous les vents
de leur noire caverne, il leur ordonne de se
déchaîner ; la faction l'imita : convaincue que
la Victoire allait lui échapper, elle fit un appel

à toutes les passions ; la Milice libérale fut convoquée. La ressource des Pétitions était épuisée ; elles avaient en effet causé du tumulte et du scandale au sein de la Chambre, mais l'inexorable ordre du jour en avait fait justice. Les présages sinistres, les pronostics de malheurs, les menaces de guerre civile ne se réalisaient pas. Il fallait agir, ou tout était perdu. Le grand Comité envoya des émissaires dans les écoles, il ouvrit ses coffres, il ranima sa correspondance. La jeunesse, naguères si accessible à des sentimens généreux, maintenant séduite par le prestige de théories spécieuses autant que par des discours flagorneurs, la jeunesse se déclara en insurrection, persuadée que c'est *le plus saint des devoirs*. M. De Chauvelin, involontairement sans doute, fut bientôt la cause de nombreux rassemblemens. Son zèle parlementaire lui faisait braver les souffrances d'un violent rhumatisme pour se rendre à son poste. Chaque jour, au fort de la bataille, une chaise à porteurs le transportait à la Chambre, où il arrivait sans fracas. Il n'en sortait pas de même ; la Milice libérale l'attendait, l'entourait et l'escortait jusqu'à sa demeure, en faisant retentir les airs de bruyantes acclamations. Les cris de *Vive la Charte ! Vive Chauvelin ! Vive le Député fidèle! Vive le Côté Gauche!* furent les premiers proférés. Cette fête triomphale commencée le 31 Mai, se renouvela le lendemain avec plus de pompe, malgré les mesures prises par l'Autorité, qui craignait avec quelque raison que l'opinion opposée ne répondît à l'appel que semblait lui faire le Parti libéral. En effet, le 3 Juin, les rassemblemens se trouvèrent plus considérables. Quand le Député fut salué des acclamations accoutumées, d'autres groupes répondirent par les cris répétés de *Vive le Roi!* Des rixes, des voies de fait furent la suite de cette manifestation de deux opinions contraires. Mais l'Autorité défendit les attroupemens, et les jeunes Royalistes obéirent à cette injonction ; ils ne parurent plus dans les rassemblemens. Les jours suivans, les attroupemens furent formés en grande partie de jeunes-gens et d'hommes évidemment salariés. L'effervescence allait toujours en augmentant : aux cris de *Vive la Charte, rien que la Charte!* se joignaient ceux de *à bas les Nobles, à bas le Côté Droit, à bas les Ultra!* et d'autres plus séditieux encore. Les groupes étaient dirigés par des chefs exercés ;

On dit qu'on a vu même, en ce désordre affreux,
Un Dieu qui d'aiguillons pressait leurs flancs poudreux.

Un jeune fanatique fut frappé à mort par un soldat qu'il voulait désarmer. Ce déplorable accident devint à la Chambre le texte de nouvelles plaintes, de nouvelles déclamations. Les Ministres furent violemment accusés. Des rapports furent faits par des Députés insultés ou *témoins* des événemens. Mais aucun, pas même M. De Chauvelin, ne voulut faire les dépositions judiciaires qui leur étaient demandées. Si d'autres Députés opposaient à ces rapports la nécessité d'arrêter le désordre et les cris séditieux qui se faisaient entendre dans ces coupables rassemblemens, on répondait qu'ils étaient proférés par des *agens provocateurs*. Je ne vois pas quel intérêt la Police aurait eu à jeter ces agens provocateurs dans les groupes, mais il me paraît tout naturel que de pareils cris soient sortis de la bouche d'une multitude soulevée. D'ailleurs, dans une telle circonstance, l'acclamation la plus innocente devenait un cri séditieux. Que signifiait alors celui de *Vive la Charte?* N'était-il pas le mot d'ordre de la révolte? Quelle violation plus manifeste pouvait on faire de la Charte que de l'invoquer d'une manière si hostile! N'était-il pas au moins ridicule de demander son maintien, en agissant pour sa destruction?

Les rebelles de la Capitale, poursuivis avec persévérance par l'Autorité, renoncèrent, après huit jours de tentatives, à des efforts sans succès. Mais les mêmes scènes tumultueuses, commandées par le Comité Directeur, eurent lieu dans différentes villes, et surtout dans une partie de celles de la Bretagne. On vit *l'insurrection marcher* à Rennes, le 8 ; à Brest, le 9 ; à Nantes, le 14 ; à Lorient, le... Partout le désordre fut réprimé. Les agitateurs, loin de tirer de leurs perfides et séditieuses prouesses le fruit qu'ils en attendaient, purent se convaincre que s'ils étaient parvenus à égarer une poignée de jeunes gens, que leur inexpérience rend peut-être excusables, ils n'avaient pu ébranler ce Peuple, qui pour toujours *a donné sa démission.*

Tels sont les moyens employés par la faction pour le maintien de la loi du 5 Février : on connaît ceux que les Royalistes ont mis en usage pour obtenir qu'elle fût modifiée. Après cette comparaison, que les gens qui n'ont pas abjuré tout sentiment de droiture et de bonne foi prononcent.

Par l'exposé des faits et des discussions qui ont amené, accompagné et suivi les divers Projets de Loi d'Élection, en retraçant succinctement les graves inconvéniens produits par de violens débats, en rappelant les scènes tumultueuses qui ont troublé et, pour ainsi dire, compromis la tranquillité publique, j'ai voulu disposer chacun à sentir la nécessité d'un meilleur ordre de choses. Tant que la faction ne sera pas abattue, tant qu'on n'aura pas éteint le volcan révolutionnaire, on devra redouter de nouvelles éruptions, qui tôt ou tard enseveliraient la Monarchie sous des monceaux de lave et de cendre.

C'est dans les Colléges Électoraux, c'est dans la Chambre des Députés, que la Révolution a jusqu'à ce jour trouvé sa force de réaction ; c'est là qu'il faut l'attaquer et la vaincre.

Il est des hommes qu'on tenterait en vain de ramener à la raison; il faut les laisser dans leur pénible endurcissement. Ces chauds partisans des théories révolutionnaires ont été frappés d'aveuglement par les lumières du siècle. Je ne m'adresse pas à eux ; je parle aux Français dignes de ce nom, qui heureusement sont encore en très-grand nombre. Ils approuveront, je l'espère, le but que je me suis proposé, en regrettant toutefois que ce travail ne soit pas sorti d'une plume plus exercée, et qu'il manque de ce charme de coloris qui pourrait en rendre la lecture agréable.

Afin de s'entendre, il est utile de partir d un principe fixe. Voici le mien : la France veut la Monarchie telle que le Roi l'a créée par la Charte, sans autre mélange de démocratie que la portion qu'il lui a plu d'y introduire, et qui est devenue monarchique par adoption. La France désire encore que dans la Chambre des Députés *tous les* Membres de l'Opposition, sans exception, professent un profond respect pour le Roi et sa Famille; qu'ils ne s'en écartent jamais; qu'ils ne se permettent pas d'attaquer, dans leurs discours, les bases fondamentales de la Royauté;

qu'ils se montrent, en toute occasion, les défenseurs de l'ordre; qu'ils soient enfin aussi franchement Royalistes que leurs adversaires.

L'accomplissement du vœu que je viens d'émettre rencontrera sans doute plus d'un obstacle. La Loi du 29 Juin est peut-être un des plus difficiles à surmonter. Mais cette Loi, qui a changé celle du 5 Février, ne peut-elle pas être modifiée à son tour? Elle fut enfantée par la crainte, ne peut-on pas la débarrasser de ses entraves? On doit d'ailleurs se rappeler qu'elle ne fut présentée par le Roi que comme une *Loi transitoire*, susceptible d'améliorations (voyez page 23). En effet ses vices, qui ont été prévus dans les discussions qu'elle a fait naître, ont aujourd'hui le cachet de l'expérience.

Les Colléges Électoraux, ceux d'Arrondissemens surtout sont démocratiques. Ils doivent l'être, puisqu'ils sont composés de tous les citoyens indistinctement qui, âgés de 30 ans, paient 500 fr. de contributions. Cette classe, dont les patentés forment la majeure partie a une affinité directe avec la banque et le haut Commerce, qui exercent sur elle une puissante influence, et qui fournissent eux-mêmes beaucoup de partisans à l'Opposition libérale. L'Amendement de M. Boin a fait accorder à chaque Collége d'Arrondissement le droit de nommer un Député : c'est encore là un élément démocratique repoussé par le Projet, qui ne leur donnait que la faculté de choisir des Candidats. Tout est donc contraire aux intérêts de la Monarchie, dans la composition de ces Colléges d'Arrondissemens. Cependant, il est consolant de le remarquer, quoique démocratiquement organisés, ils envoient à peine à la Chambre un tiers de Députés libéraux. Si l'on pouvait douter de la tendance de l'esprit public en faveur de la Monarchie Légitime, le vote des Colléges d'Arrondissemens en donnerait une preuve ; si quelque Chevalier de la Liberté voulait encore avancer que le Peuple Français voit la dynastie des Bourbons *avec répugnance,* le vote des Colléges d'Arrondissemens lui donnerait un démenti.

L'état actuel des Colléges Électoraux garantit de la crainte de voir la Chambre livrée à une majorité ennemie ; c'est beaucoup sans doute, mais ce n'est pas assez. La tranquillité publique, la sûreté de l'État exigent qu'un seul factieux ne puisse pas s'y introduire et y répandre le venin de ses fausses et pernicieuses doctrines. Mais ce but si désirable ne pourra être atteint, si la Loi du 29 Juin ne subit pas les changemens nécessaires. En attendant cette importante amélioration, il importe essentiellement au salut de tous, il est surtout de l'honneur des Colléges Électoraux d'écarter ces hommes dangereux,

prôneurs intéressés d'une liberté chimérique,
amis du trouble et du désordre, apologistes
désordonnés de la révolte. Je ne crains pas de
le dire, c'est un devoir pour tout Électeur
ami de son pays de leur refuser son suffrage;
mais ce devoir est bien plus sacré encore
pour les Fonctionnaires publics et pour tous
les Employés du Gouvernement. Nous avons
enfin un Ministère bien déterminé à faire triom-
pher la cause du Roi, inséparable aujourd'hui
de celle de la Nation. Il a l'œil ouvert, et paraît
décidé à ne pas favoriser les ennemis de son
système réparateur. Il doit compter sur l'appui
de tous ceux qu'il soutient; et si des traîtres
et des parjures étaient reconnus dans ses rangs,
qu'ils ne s'étonnent pas, qu'ils ne se plaignent
pas d'en être expulsés. Tous les hommes qui
coopèrent d'une manière quelconque à l'action
du Gouvernement, ne peuvent séparer leurs
intérêts des siens. Par leur admission aux emplois, ils acceptent la solidarité; et s'ils veulent
recouvrer leur indépendance, la première dé-
marche que leur commandent le devoir, leur
conscience et l'honneur est de se démettre de
leurs places. C'est en vain, dans la position
actuelle, qu'on réclamerait la liberté des votes.
Elle n'existe plus cette liberté, et par qui a-t-elle
été détruite? Par les Libéraux eux-mêmes. Quels
sont, depuis plusieurs années, les Candidats

présentés aux choix des Colléges ? des *Amis*, ou des *Ennemis* du Roi ; et le Gouvernement peut avec assurance dire à chaque Électeur : Quiconque n'est pas pour moi, est contre moi. Le Parti n'a-t-il pas le premier établi un centre commun où viennent aboutir toutes les intrigues *isolées*, et d'où partent les ordres invariables des Directeurs de la Secte, qui ne manque ni de Mahomet ni de Séïde ? C'est dans le Comité suprême que sont soigneusement élaborés les documens partiels et sûrs qui lui parviennent de toutes parts. Il passe au creuset de l'épuration les prétendans offerts à son choix, qui, sans aucune considération, tombe toujours sur les plus dignes. Il calcule les chancès, y conforme ses décisions, et dresse ses listes. C'est alors que les noms de prédilection sont envoyés aux chefs de Cantons, chargés de *travailler la matière électorale*. Une chose qu'on ne peut assez louer et assez admirer c'est la bénigne soumission de ces apôtres implacables de la liberté et de l'indépendance. Désiré ou rejeté, connu ou inconnu, le Candidat de fabrique est adopté aveuglément, et il n'est pas un seul adepte qui ne jure de lui donner son suffrage. Il apprend dès lors à écrire son nom, car pour le personnage, il n'est pas nécessaire qu'il le connaisse. L'ordre est donné, son rôle est d'obéir. C'est ainsi que des hommes repoussés par

(41)

leurs Départemens ont été élus dans d'autres ;
des Colléges plus complaisans ont nommé , à
l'exclusion de leurs propres concitoyens , des
intrus qu'ils n'avaient jamais vus , qu'ils ne devaient jamais voir. S'agit-il de faire nommer un
des chefs du Parti , un *homme principe* , on le
présente pour Candidat dans deux ou trois Départemens , dans cinq ou six Colléges , qui
donnent des chances de majorité : il est élu.
Il faut en convenir , la tactique est adroite ,
et le plan bien concerté. Les moyens sont peut-
être peu convenables et peu conformes à l'esprit de la Charte ; ce sont de graves abus de la
Loi ; mais qu'importe? Pourquoi les tolère-t-on?...
Le succès justifie tout. Le triomphe est d'autant plus certain qu'on a soin de dire et de ré-
péter que le Ministère doit rester spectateur
oisif de ces menées électorales ; il doit les subir
comme conséquence du Gouvernement repré-
sentatif. On citera même l'Angleterre , où les
Élections se font à coups de pieds et à coups
de poings.

> Quand sur une personne on prétend se régler ,
> C'est par les beaux côtés qu'il lui faut ressembler.

Laissons donc les Anglais boxer tant qu'il
leur plaira , ces sortes de combats ne sont
pas à l'usage des Français. Ceux qui les rempla-
ceraient seraient trop sérieux.

Ainsi les Libéraux vont paisiblement et directement à leur but. Faut-il que le Ministère, gardien de nos destinées, souffre que leurs dangereux projets s'accomplissent ? Il y aurait imprudence et impolitique à leur céder cette fatale Victoire. Si les Lois sont impuissantes pour empêcher leurs pernicieuses intrigues, il faut, quelque fâcheuse que soit une pareille extrémité, lutter corps à corps avec la faction. Le Gouvernement saura aussi se créer des moyens de succès. Il opposera à des attaques tout hostiles les efforts d'une légitime défense. Il exercera sur ses subordonnés l'influence que tel ou tel Banquier, tel ou tel Négociant fait valoir près des hommes sous sa dépendance. Nous connaissons sa marche ; elle est franche et loyale. Déjà il a déployé sa bannière ; on y lit : BOURBONS, PATRIE, HONNEUR.

Électeurs Français, Français Électeurs, rangez-vous sous ce noble étendard. Venez, vous dont la bonne foi a pu être trompée, vous qu'un zèle ardent a pu égarer, vous qui avez été séduits par des doctrines perverses, vous serez accueillis en frères : ici on ne connaît pas la haine. Venez, vous que le Gouvernement couvre de sa protection, vous qui aspirez à ses bienfaits ; venez, Citoyens probes et honnêtes, qui désirez la tranquillité et la prospérité de votre pays, qui n'avez dû voir qu'avec effroi de nombreux complots heureusement déjoués ; ralliez-vous tous au nom sacré du Roi et de la Patrie ; formez une phalange redoutable aux ennemis du Trône et du repos public. Opposez-vous avec courage au triomphe des méchans. Ne souffrez pas qu'un nom odieux sorte de votre Urne Électorale. Le calme renaît après l'orage : songez qu'un jour la réprobation générale poursuivra les Colléges qui se seront signalés par de mauvais choix. Craignez d'avoir à rougir de ceux que vous aurez faits. Qu'au contraire vos Élus vous honorent ! Faites que vous puissiez toujours les *présenter avec orgueil à vos amis, comme à vos ennemis !*

C'est aussi par la réformation de la Loi du 29 Juin, et par celle de son Règlement, que la Chambre des Députés peut être épurée. Je m'empresse de déclarer, au nom des Royalistes, que s'ils repoussent une opposition hostile et séditieuse, aussi contraire à l'esprit de la Charte que funeste à la société, ils n'en sont que plus zélés partisans d'une opposition sage et légale. Celle qu'ils réclament ne sera pas une torche d'incendie, mais un flambeau dont la clarté pourra quelquefois être vive, sans blesser les regards. Quand cet heureux changement sera fait, plus de Côté Droit ni de Côté Gauche, distinction qui alors même ne serait pas sans danger. Une opposition simultanée se formera dans chaque discussion. Comme elle sera de conscience et non de convention , les Membres qui la composeront se trouveront épars dans la salle. La chaleur des Débats n'excluera jamais la décence et les égards réciproques : c'est dire que les Députés s'abstiendront soigneusement de toute personnalité, et surtout de ces déplorables provocations qui ont fait gémir les honnêtes gens de toutes les opinions , et donné le scandale de la publicité des cartels. En effet, par une impudeur jusqu'alors inconnue , on voit depuis quelque tems les Journaux devenir les messagers de ces appels homicides, et les historiens de tous les duels. Des institutions gothiques , ne conserverons-nous donc que ce barbare préjugé! Les Orateurs se renfermeront dans les limites de la question , et ne chercheront plus, jusque dans les sujets les plus simples, l'occasion d'exciter la tempête. Aucun n'aura plus intérêt à rendre les discussions interminables pour prolonger le trouble et l'inquiétude au-dehors , et y entretenir la fermentation des esprits. On ne verra plus des membres , forçant le scandale jusque dans ses derniers retranchemens, demander vingt fois la parole, après toutes les clôtures, sous divers prétextes, et toujours dans le but de ramener d'insidieuses et perfides déclamations. Les Députés se rappelleront qu'ils ont reçu la noble mission de défendre les vrais intérêts du Peuple, de dénoncer et d'empêcher

pêcher les abus, de faire et de corriger les Lois. Ils
n'oublieront pas surtout qu'ils ont prêté ce serment : « Je jure d'être fidèle au Roi, d'obéir à la
» Charte Constitutionnelle, et de me conduire
» en tout comme il appartient à un bon et loyal
» Député ». Dans une courte Session, ils auront
rempli dignement leur tâche ; et, contens d'eux-
mêmes, ils retourneront dans leurs Départe-
temens, où l'estime, la considération et la re-
connaissance de leurs Concitoyens les dédom-
mageront de leur utile et généreux sacrifice.

Cet âge d'or de la Législature n'est peut-être
pas très-éloigné ; mais il n'est pas aussi prochain, qu'il est désirable. Il existe encore plus
d'un ferment de trouble dans la Chambre. Tous
les apologistes du désordre n'en sont pas sortis ;
quelques-uns peuvent y revenir. Leur sacrifiera-
t-on la sûreté générale ; ou les réduira-t-on
au silence? La voix des Mandataires fidèles sera-
t-elle étouffée par celle d'une poignée de per-
turbateurs ? Sommes-nous condamnés à voir
encore des Députés échappés des rassemblemens
séditieux, où le hazard les conduit toujours,
s'élancer à la Tribune pour s'y faire les défenseurs
de ces scènes de désordre, et menacer de la
vengeance populaire l'autorité qui veut les ré-
primer? Était-ce à la Tribune Nationale que
M. M.... devait faire parade de sa *répugnance*
pour les BOURBONS, et représenter la Révolution

comme un *orage rafraîchissant*. Cette répugnance, qu'il impute calomnieusement à la
France, n'est que la sienne et celle de ses amis ;
elle était déjà prouvée par ses démarches près
des Souverains alliés, à qui, en 1815, il allait
offrir le trône de nos Rois pour un Prince
étranger.

- Le Drapeau tricolore a été déclaré un signe
de rébellion ; il est donc interdit à chacun d'en
faire publiquement l'éloge. Comment le sanc-
tuaire même des Loïs a-t-il plus d'une fois
retenti du panégyrique pompeux et perfidement
étudié des *couleurs nationales !* L'éclat des
Victoires de nos braves armées peut bien se
passer de cet inutile et coupable souvenir.

Comment M. le Général Laf...... a-t-il pu
déclarer lui et ses collègues déliés de leurs ser-
mens, parce qu'une Minorité turbulente était
contrariée dans ses sinistres projets ! Comment
un autre Orateur de la Chambre a-t-il pu dire
que la France ne serait libre et heureuse que,
lorsqu'à l'exemple de l'Angleterre, elle aurait
fait sa Révolution de 1688, c'est-à-dire lorsqu'elle aurait expulsé la famille des BOURBONS,
comme l'Angleterre la dynastie des Stuart.

Qu'un Peuple lève l'étendard de la Révolte,
qu'il s'arme contre son Roi, qu'il renverse son
autorité, des Députés oseront proclamer que
ces actes d'une funeste Rébellion ne sont que

des efforts généreux pour secouer le joug de la tyrannie, et conquérir la liberté ! Ils demanderont la guerre, pourvu qu'elle ait pour but de soutenir l'indépendance des Nations insurgées.

Dans des Procédures politiques, des Députés viendront couvrir de leur égide et les délits et les accusés ! On verra certains personnages, jouissant d'une fâcheuse célébrité, quitter les bancs d'une Cour d'Assise pour aller siéger sur les chaises curules ! Et l'indignation et la terreur ne s'empareraient pas des ames honnêtes ! Jusques à quand ces coupables débauches de l'esprit de parti seront-elles tolérées !

C'est en vain qu'on voudrait persuader qu'elles sont des conséquences de la Charte et de la liberté des opinions ! Quoi, la Charte n'aurait créé des Chambres que pour couvrir du manteau de l'inviolabilité les factieux assez adroits pour s'y réfugier ! Si, comme l'a dit M. Royer-Collard, *les Constitutions ne sont pas des tentes dressées pour le sommeil*, cessons de nous féliciter d'un bonheur qui doit nous coûter le repos.

Il est tems enfin que les germes de sédition soient étouffés. Comprimer les méchans, c'est protégér les bons. Si des émeutes populaires sont excitées au-dehors, si de grands complots sont découverts, il faut que les fauteurs ne trouvent dans les Députés de la Nation que des juges sévères, et non des apologistes déhontés. Oui, la tranquillité publique ne sera assurée que quand le calme sera rétabli dans la Chambre. Que les agens de trouble, s'il en existe encore, y soient isolés et inaperçus. Le Règlement devra leur imposer silence, ou du moins empêcher les écarts de leur dangereuse faconde. Quant aux hommes *aux professions de foi séditieuse*, c'est à la Chambre entière qu'il appartient de les déclarer *indignes* : son honneur et sa dignité n'y sont pas moins intéressés que le salut de l'État. Que ces paroles de M. Becquey soient répétées aux Membres qui éleveraient la voix en leur faveur : « Que, si trompant l'ignorance, et » séduisant la faiblesse, l'esprit de faction par-» venait encore à obtenir d'odieux succès, il » trouverait dans cette enceinte une barrière in-» surmontable. Cette Chambre fidèle saura bien, » s'il le faut, préserver, contre les entreprises de » l'ennemi commun, et l'honneur du Trône, » et l'honneur de la Nation, et son propre hon-» neur. »

Si quelque autre s'opposait à l'adoption de cette mesure de rigueur, sous prétexte que la Loi est muette à cet égard, qu'il écoute l'éloquent et foudroyant anathème de M. Laîné.

« Quelle est, s'écrie-t-on, la Loi qui prononce » l'indignité? Honneur à la Législation qui avait » assez respecté les Français pour ne pas leur

» interdire littéralement d'envoyer un tel homme
» dans l'Assemblée qui concourt à représenter
» la Nation. Il est une Loi, Messieurs, qui n'a
» pas besoin d'être écrite pour être connue et
» exécutée. Cette Loi n'est pas gardée dans des
» archives périssables ; elle n'est pas sujette aux
» caprices et aux besoins variables des souverains
» ou des peuples ; elle est éternelle, elle est im-
» muable ; elle est déposée dans un tabernacle
» incorruptible, dans la conscience de l'homme.
» En tout tems, en tous lieux, cette Loi se
» nomma la *raison et la justice* ; en France , elle
» s'appelle encore *l'honneur.* »

Nous verrons, n'en doutons pas, luire ces beaux jours où les Colléges Électoraux, plus sagement organisés , et mieux pénétrés de l'importance de leurs attributions, n'enverront à la Chambre que des Députés prudens et fidèlcs, des amis éprouvés de la Monarchie et du bon ordre.

L'heureuse alliance du Ministère et de là forte Majorité de la Chambre est pour la France un garant certain de félicité. Ils se prêteront un appui mutuel , qu'une confiance réciproque rendra plus efficace. Si des séditions se manifestaient encore , elles seraient bientôt appaisées. Des châtimens rigoureux, mais nécessaires , ont appris aux Conspirateurs qu'ils ne pouvaient plus compter sur l'impunité. La Police, confiée à des Fonctionnaires dévoués et

vigilans, a déjà montré ce qu'on pouvait attendre
d'elle. Elle saura déjouer les complots, et pour-
suivre la sédition jusqu'au fond de son antre.

Peut-être aussi les Tribunaux correctionnels,
appliquant l'Article 42 du Code Pénal, join-
dront-ils aux condamnations pour délits politiques « l'interdiction de l'exercice des droits
» civiques et civils suivans : 1°. de Vote et d'É-
» lection ; 2 . d'Éligibilité ; 3°. d'être appelé ou
» nommé aux fonctions de Jurés, ou aux autres
» fonctions publiques, ou aux emplois de l'ad-
» ministration, ou d'exercer ces fonctions ou
» emplois. »

La félonie ne sera plus le chemin pour arri-
ver aux places et aux dignités ; elles seront
réservées au dévouement et à la fidélité. En un
mot, il n'y aura plus ni honneur ni profit à se
déclarer en révolte contre l'Autorité.

Les gens de bonne foi, jusqu'ici entraînés
par un faux système, reconnaîtront leur erreur,
et se réfugieront dans les rangs des Royalistes.
Les avantages qu'ils y trouveront ne seront pas
chimériques. Sujets *aimans et fidèles* du suc-
cesseur de tant de Rois, nous nous glorifierons
ensemble d'appartenir à une dynastie qui depuis mille ans règne sur la France, et qui a
donné des Souverains à plusieurs Nations de
l'Europe. Nous parcourrons ensemble les pages
de notre histoire, et nous y retrouverons les faits

éclatans, les traits brillans de valeur Chevalé-
resques des Princes des trois nobles races de
nos Rois. Nous les verrons presque tous occupés
d'améliorer le sort de leurs Peuples sans secousse
et sans effort. Que de titres n'ont-ils pas acquis
à notre amour et à notre vénération! Non, ils
ne sont pas Français ceux qui veulent nous
deshériter d'un si bel apanage! La Légitimité,
la Légitimité, tel doit être notre cri de ralliè-
ment! Que partout il retentisse, dans les
Camps comme au Barreau, dans la Chaumière
du Pauvre, aussi bien que dans les Palais des
Grands. Avec les Bourbons seuls nous pouvons
braver les orages; ce n'est que sous leur Sceptre
tutélaire que la France peut trouver le repos
et le bonheur.

VIVE LE ROI! VIVENT LES BOURBONS!

LOI

RELATIVE AUX ÉLECTIONS,
Du 29 Juin 1820.

LOUIS, PAR LA GRACE DE DIEU, ROI DE FRANCE, etc.
A tous présens et à venir, SALUT.

Nous avons proposé, les Chambres ont adopté; nous
avons ordonné et ordonnons ce qui suit :

Art. 1er. Il y a dans chaque Département un Collége
Électoral de Département et des Colléges Électoraux d'Arrondissemens.

Néanmoins, tous les Électeurs se réuniront en un
seul Collége, dans les Départemens qui n'avaient, a

l'époque du 5 Février 1817, qu'un Député à nommer; dans ceux où le nombre des Électeurs n'excède pas trois cents, et dans ceux qui, divisés en cinq Arrondissemens de Sous-Préfecture, n'auront pas au-delà de 400 Électeurs.

2. Les Colléges de Départemens sont composés des Électeurs les plus imposés, en nombre égal au quart de la totalité des Électeurs du Département.

Les Colléges de Départemens nomment cent soixante-douze nouveaux Députés, conformément au Tableau annexé à la présente Loi. Ils procéderont à cette nomination pour la Session de 1820.

La nomination des deux cents cinquante-huit Députés actuels est attribuée aux Colléges d'Arrondissemens Electoraux à former dans chaque Département, en vertu de l'article 1er., sauf les exceptions portées au paragraphe 2 du même article.

Ces Colléges nomment chacun un Député. Ils sont composés de tous les Électeurs ayant leur domicile politique dans l'une des Communes comprises dans la circonscription de chaque Arrondissement Électoral. Cette circonscription sera provisoirement déterminée, pour chaque Département, sur l'avis du Conseil-Général, par des Ordonnances du Roi qui seront soumises à l'approbation législative dans la prochaine Session.

Le cinquième des Députés actuels, qui doit être renouvelé, sera nommé par les Colléges d'Arrondissemens.

Pour les Sessions suivantes, les Départemens qui auront à renouveler leur Députation, la nommeront en entier d'après les bases établies par le présent article.

5. La Liste des Électeurs de chaque Collége sera imprimée et affichée un mois avant l'ouverture des Colléges Électoraux. Cette Liste contiendra la quotité et l'espèce des contributions de chaque Electeur, avec l'indication

-des Départemens où elles sont payées.

4. Les Contributions directes ne seront comptées , pour être Électeur ou Éligible , que lorsque la propriété foncière aura été possédée , la location faite , la patente prise , et l'industrie sujette à patente , exercée une année avant l'époque de la Convocation du Collége Électoral. -Ceux qui ont des droits acquis avant la publication de la présente Loi , et le possesseur à titre successif , sont seuls exceptés de cette condition.

5. Les Contributions foncières payées par une veuve -sont comptées à celui de ses fils , à défaut de fils , à celui de ses petits-fils , et à défaut de fils et petits-fils , à celui de ses gendres qu'elle désigne.

6. Pour procéder à l'Election des Députés , chaque Électeur écrit secrètement son vote sur le bureau , ou l'y fait écrire par un autre Électeur de son choix , sur un bulletin qu'il reçoit à cet effet du Président. Il remet son bulletin écrit et fermé au Président , qui le dépose dans l'urne destinée à cet usage.

7. Nul ne peut être élu Député aux deux premiers tours de scrutin , s'il ne réunit au moins le tiers plus une voix de la totalité des Membres qui composent le Collége , et la moitié plus un des suffrages exprimés.

8. Les Sous-Préfets ne peuvent être élus Députés par les Colléges d'Arrondissemens Électoraux qui comprennent la totalité ou une partie des Électeurs de l'Arrondissement de leur Sous-Préfecture.

9. Les Députés décédés , ou démissionnaires , seront remplacés chacun par le Collége qui l'aura nommé.

En cas de décès ou démission d'aucun des Membres actuels de la Chambre , avant que le Département auquel il appartient soit en retour de renouveler sa députation , il sera remplacé par un des Colléges d'Arrondissement de ce Département.

La Chambre déterminera, par la voie du sort, l'ordre dans lequel les Colléges Électoraux d'Arrondissemens procéderont aux remplacemens éventuels jusqu'au premier renouvellement intégral de chaque Députation.

10. En cas de vacance par option, décès, démission, ou autrement, les Colléges Électoraux seront convoqués dans le délai de deux mois pour procéder à une nouvelle Élection.

11. Les dispositions des Lois des 5 Février 1817 et 25 Mars 1818, auxquelles il n'est pas dérogé par la présente, continueront d'être exécutées et seront communes aux Colléges Électoraux de Départemens et d'Arrondissemens.

La présente Loi, discutée, délibérée et adoptée par la Chambre des Pairs et par celle des Députés, et sanctionnée par nous cejourd'hui, sera exécutée comme Loi de l'État; voulons, en conséquence, qu'elle soit gardée et observée dans tout notre Royaume, terres et pays de notre obéissance.

Si donnons en mandement à nos Cours et Tribunaux, Préfets, Corps Administratifs, et tous autres, que les présentes ils gardent et maintiennent, fassent garder, observer et maintenir, et, pour les rendre plus notoires à tous nos sujets, ils les fassent publier et enregistrer partout où besoin sera : car tel est notre plaisir; et afin que ce soit chose ferme et stable à toujours, nous y avons fait mettre notre scel.

Donné à Paris, le 29e. jour du mois de Juin de l'an de grâce 1820, et de notre règne le 26e.

Signé, LOUIS.

Par le Roi :

Le Ministre Secrétaire-d'État au Département de l'Intérieur,

Signé, SIMÉON.

MINISTERES

ET

GOUVERNEMENS PROVISOIRES,

Depuis le 1er. Janvier 1814.

Nominations.

Ministère Impérial.

1er. *Janvier* 1814.

Duc DE MASSA (Regnier). . . . Gr. Juge, Min. de la Just.
Duc DE BASSANO (Maret). . . . Relations Extérieures.
Comte DE MONTALIVET. . . . . . Intérieur.
Duc DE GAÈTE (Gaudin). . . . Finances.
Comte MOLLIEN. . . . . Trésor.
Duc DE FELTRE (Clarke). . . . Guerre.
Comte DE CESSAC. . . . . Administr. de la Guerre.
Duc DECRÈS. . . . . Marine et Colonies.
Duc DE ROVIGO (Savary). . . . Police Générale.
Comte BIGOT DE PRÉAMENEU. . . Cultes.
Comte DE SUSSY. . . . . Manufactures et Commer.
Comte DARU. . . . . Ministre et Secrét.-d'État.
Baron PASQUIER. . . . . Préfet de Police.

Membres du Gouvernement Provisoire,

Nommés par le Sénat.

1er. *Avril* 1814.

Prince DE BÉNÉVENT (Talleyrand).
Comte DE BOURNONVILLE.
Comte DE JAUCOURT.
Duc DE D'ALBERG, Conseiller d'État.
Abbé DE MONTESQUIOU.

(56)

Commissaires

Nommés par le Gouvernement Provisoire.

3 *Avril* 1814.

M. Henrion De Pensey. . . . . . Justice.
Comte La Forêt. . . . . Affaires Étrangères.
Comte Beugnot. . . . . Intérieur.
M. Anglès. . . . . Police Générale.
Général Dupont. . . . . Guerre.
Baron Malouet. . . . . Marine.
Baron Louis. . . . . Finances.

Ministère des Cent Jours, à Paris.

20 *Mars* 1815.

Prince Cambacérès. . . . . Justice.
Duc De Bassano. . . . . Relations Extérieures.
Comte Carnot. . . . . Intérieur.
Duc D'Otrante (Fouché). . . Police Générale.
Prince D'Eckmul (D'Avoust). Guerre.
Duc Decrès. . . . . Marine et Colonies.
Duc De Gaète. . . . . Finances.
Comte Mollien. . . . . Trésor.
Conseiller d'État Réal. . . . . . Préfet de Police.

Membres de la Commission du Gouvernement.

22 *Juin* 1815.

Duc D'Otrante , Président.
Comte Carnot.
Général Grenier.
Duc De Vicence (Caulincourt).
Baron Quinette.

Nominations Provisoires par la Commission.

23 *Juin* 1815.

M. BIGNON. . . . . Affaires Étrangères.
Général CARNOT FEULINS. . . . . Intérieur.
M. PELET DE LA LOZÈRE. . . . . Police Générale.

Gouvernement du Roi.

Ordonnance du 13 *Mai* 1814.

Chevalier D'AMBRAY. . . . . . . Chancelier de France.
Prince DE BÉNÉVENT. . . . . Affaires Étrangères.
Abbé DE MONTESQUIOU. . . . . . Intérieur.
Comte DUPONT. . . . . Guerre.
Baron MALOUET. . . . . Marine.
Baron LOUIS. . . . . Finances.
Comte DE BLACAS D'AULPS. . . . Maison du Roi.
Comte BEUGNOT. . . . . Directeur Gén. de la Police.

Ordonnance du 16 *Mai* 1814.

Le Ministère et la Préfecture de Police sont réunis sous le titre de Direction Générale de la Police.

Ordonnance du 3 *Décembre* 1814.

Duc DE DALMATIE (Soult). . . Guerre.
Comte BEUGNOT. . . . . Marine.
M. D'ANDRÉ. . . . . Direct. Gén de la Police.

Ordonnance du 11 *Mars* 1815.

Duc DE FELTRE. . . . . Guerre.

Ministère du Roi, à Gand.

20 *Mars* 1815.

Chevalier D'AMBRAY. . . . . . . Chanc., Gard.-des-Sceaux.
Prince DE TALLEYRAND. . . . . Affaires Étrangères.
Vicomte DE CHATEAUBRIAND. . Intérieur.

Duc De Feltre.. . . . . Guerre.

Comte Beugnot. . . . . Marine.

Baron Louis. . . . . Finances.

Comte De Blacas D'Aulps. . . Maison du Roi.

M. le Prince De Talleyrand etant au Congrès de Vienne, M le Comte De Jaucourt a tenu, à Gand, le Portefeuille des Affaires etrangères. M. le Comte De Blacas a eu le Portefeuille de la Marine jusqu'à l'arrivée de M. Beugnot.

Ordonnance du 9 Juillet 1815.

Prince De Talleyrand, Présid. Affaires Étrangères.

Bon. Pasquier (Intér. provent). Justice, Garde-des-Sceaux.

Duc D'Otrante. . . . . Police Générale.

Maréchal Gouvion Saint-Cyr. . . Guerre.

Comte De Jaucourt. . . . . Marine.

Baron Louis. . . . . Finances.

Duc De Richelieu. . . . . Maison du Roi

M. De Cazes. . . . . Préfet de Police.

Ordonnance du 24 Septembre 1815.

Duc De Richelieu, Président. . Affaires Étrangères.

Comte De Vaublanc. . . . . Intérieur.

M. De Cazes. . . . . Police Générale.

Duc De Feltre.. . . . . Guerre.

Vicomte Dubouchage. . . . . . . Marine et Colonies.

Comte Barbé De Marbois. . . . Justice, Garde-des-Sceaux.

Comte Corvetto. . . . . Finances.

Ordonnance du 29 Septembre 1815.

Comte Anglès. . . . . Préfet de Police.

Ordonnance du 7 Mai 1816.

Chevalier D'Ambray, *par intérim.* Justice, Garde-des-Sceaux.

M. Laîné. . . . . Intérieur.

Ordonnance du 19 Janvier 1817.

Baron Pasquier. . . . . Justice, Garde-des-Sceaux.

Ordonnance du 23 Juin 1817.

Maréchal Gouvion Saint-Cyr. . Marine.

(59)

Ordonnance du 12 Septembre 1817.

Maréchal Gouvion Saint-Cyr. . Guerre.

Comte Molé. . . . . Marine.

Ordonnance du 7 Décembre 1818.

M. Roy. . . . . Finances.

Ordonnances du 29 Décembre 1818.

Marquis Dessolle, Président. . Affaires Étrangères.

M. De Serre. . . . . Justice, Garde-des-Sceaux.

Comte De Cazes. . . . . Intérieur et Police.

Baron Portal. . . . . Marine.

Baron Louis. . . . . Finances.

Ordonnance du 19 Novembre 1819.

Comte De Cazes (1),   Président.

Baron Pasquier. . . . . Affaires Étrangères.

Marquis De La Tour-Maubourg. Guerre.

M. Roy. . . . . Finances.

Ordonnance du 20 Fevrier 1820.

Duc De Richelieu, ... Président.

Ordonnance du 21 Fevrier 1820.

Comte Siméon. . . . . Intérieur.

Baron Mounier, Directeur Général de l'Administration Départementale, et de la Police.

Ordonnance du 1er. Novembre 1820.

Marquis De Lauriston. . . . . . Maison du Roi.

Ordonnance du 21 Décembre 1820.

M. Laîné. . . . . }

M. De Corbières. . . . . } Ministres Secrétaires d'État,
                                  Membres du Conseil.

M. De Villèle. . . . . }

(1) Fait Duc le 20 Février 1820. — Ministre de l'Intérieur et de la Police depuis le 29 Décembre 1818.

Ordonnance du 14 Décembre 1821.

M. De Peyronnet (1). . . . . . . Justice, Garde-des-Sceaux.
Vicomte De Montmorency. . . Affaires Étrangères.
M. De Corbières (2). . . . . . . Intérieur.
Duc De Bellune. . . . . Guerre.
Mquis. De Clermont-Tonnerre. Marine et Colonies.
M. De Villèle (3). . . . . Finances.

Ordonnance du 20 Décembre. 1821.

M. Delavaux. . . . . Préfet de Police.

Ordonnance du 4 Septembre 1822.

Comte De Villèle. . . . . : Président.

TABLEAU
DES MINISTÈRES,
Depuis 1814 jusqu'à ce jour.

N. B. MM. les Ministres sous le Gouvernement Impérial, ou sous les Gouvernemens Provisoires, sont désignés par un astérisque *.

Présidens du Conseil des Ministres.

Prince De Talleyrand. . . . 9 Juill. 1815 - 24 Sept. 1815.
Duc De Richelieu. . . . . . . 26 Sept.   - 29 Déc. 1818.
Marquis Dessolle. . . . . . . 29 Déc. 1818 - 19 Nov. 1819.

(1) Fait Comte le 7 Août 1822.
(2) *Idem.*
(3) *Idem.*

Comte De Cazes

Comte DE CAZES. . . . . 19 Nov. 1819 – 20 Fév. 1820.
Duc DE RICHELIEU. . . . . . 20 Fév. 1820 – 14 Déc. 1821.
Vacance. 14 Déc. 1821 – 4 Sept 1822.
Comte DE VILLÈLE. . . . . . . 4 Sept. 1822 – jusqu'à ce jour

Chanceliers.

*Prince CAMBACÉRÈS (1). . . 1er Janv. 1814 – 31 Mars 1814.
Chevalier D'AMBRAY. . . . . . 13 Mai 1814 – jusqu'à ce jour

Ministres des Affaires Etrangères.

*Duc DE BASSANO. . . . . . . 1er Janv. 1814 – 31 Mars 1814.
*Comte LAFORÊT. . . . . 3 Avril   – 13 Mai
Prince DE BÉNÉVENT. . . . . . 15 Mai   – 24 Sept. 1815.
*Duc DE BASSANO. . . . . . . 20 Mars   – 23 Juin
*M. BIGNON. . . . . 25 Juin   – 9 Juill.
Duc DE RICHELIEU. . . . . . . 24 Sept.   – 29 Déc. 1818.
Marquis DESSOLLE. . . . . . . 29 Déc. 1818 – 19 Nov. 1819.
Baron PASQUIER (2). . . . . . 19 Nov. 1819 – 14 Déc. 1821.
Vicomte DE MONTMORENCY. . 14 Déc. 1821 – jusqu'à ce jour

Ministres de la Just., Gard.-des-Sceaux.

*Duc DE MASSA, Gr.-Juge. . 1er Janv. 1814 – 31 Mars 1814.
*M. HENRION DE PENSEY. . . 3 Avril   – 13 Mai
Chevalier D'AMBRAY. . . . . . 13 Mai   – 9 Juill. 1815.
*Prince CAMBACÉRÈS, ... 20 Mars 1815 – 9 Juill. 1815.
Baron PASQUIER. . . . . 9 Juill.   – 26 Sept.

(1) Archi-chancelier.
(2) Fait Pair le 24 Septembre 1821.

5

Comte BARBÉ DE MARBOIS. . 26 Sept.   – 7 Mai   1816
Ch^{er}. D'AMBRAY, *par intérim*.   7 Mai 1816 – 19 Janv. 1817.
Baron PASQUIER. . . . . 19 Janv. 1817 – 29 Déc. 1818.
M. DE SERRE. . . . . 29 Déc. 1818 – 14 Déc. 1821.
M. DE PEYRONNET. . . . . . . 14 Déc. 1821 – jusqu'à ce jour

Ministres de l'Intérieur.

* Comte DE MONTALIVET. . . 1er Janv. 1814 – 3 Avril 1814.
* Comte BEUGNOT. . . . . 3 Avril   – 13 Mai
Abbé DE MONTESQUIOU. . . . . 13 Mai   – 20 Mars 1815.
Vicomte DE CHATEAUBRIAND. 20 Mars 1815 – 9 Juillet
* Comte CARNOT. . . . . 20 Mars 1815 – 23 Juin
* Général CARNOT-FEULINS. . 23 Juin 1815 – 9 Juill.
Baron PASQUIER, *par intérim*.   9 Juill.   – 24 Sept.
Comte DE VAUBLANC. . . . . 24 Sept.   – 7 Mai   1816.
M. LAÎNÉ. . . . . 7 Mai 1816 – 29 Déc. 1818.
Comte DE CAZES. . . . . 29 Déc. 1818 – 21 Fév. 1820.
Comte SIMÉON (1). . . . . . . 21 Fév. 1820 – 14 Déc. 1821.
M. DE CORBIÈRES. . . . . . . 14 Déc. 1821 – jusqu'à ce jour

Ministres de la Police Générale.

* Duc DE ROVIGO. . . . . 1er Janv. 1814 – 31 Mars 1814.
* M. ANGLÈS. . . . . 3 Avril   – 13 Mai
Vacance.   13 Mai   – 20 Mars 1815.
* Duc D'OTRANTE. . . . . . . 20 Mars 1815 – 23 Juin
* M. PELET DE LA LOZÈRE. . 23 Juin   – 9 Juill.
Duc D'OTRANTE. . . . . 9 Juill.   – 24 Sept.
M. DE CAZES. . . . . 24 Sept.   – 24 Déc. 1818.

M. DE CAZES administre la Police réunie au Ministere de l'Interieur jusqu'au
20 Fevrier 1820.

(1) Fait Pair le 24 Septembre 1821.

Directeurs Généraux de la Police.

Le Ministère et la Préfecture de Police ont été supprimés, et remplacés par une Direction Générale. (Ordonnance du 10 Mai 1814.)

Comte Beugnot. . . . . 13 Mai 1814. – 3 Déc. 1814.

M. D'André , ... 3 Déc.　　　– 20 Mars 1815.

(Voyez Ministres de la Police , page 62.)

Baron Mounier. . . . . 21 Fév. 1820. – 14 Déc. 1821.

La Direction Générale de la Police a été supprimée par Ordonnance du 9 Janvier 1822. M. Franchet est chef de cette Division au Ministere de l'Interieur.

Directeurs Généraux de l'Administration Départementale.

Baron Mounier. . . . . 21 Fev. 1820 – 14 Déc. 1821.

Baron Capelle. . . . . 9 Janv. 1822 – jusqu'à ce jour

Ministres de la Guerre.

*Duc De Feltre. . . . . . . 1er Janv. 1814 – 31 Mars 1814.

* Cte. De Cessac, de l'Adon. 　Id.　 – 　Id.

* Général Dupont. . . . . . . 3 Avril 　– 13 Mai

Général Dupont. . . . . . . 13 Mai 1814 – 3 Déc. 1814

Duc De Dalmatie. . . . . . 3 Déc. 　– 11 Mars 1815.

Duc De Feltre. . . . . . . 11 Mars 1815 – 9 Juillet

* Prince D'Eckmul. . . . . . 20 Mars 1815 – 9 Juill. 1815.

Maréchal Gouvion S.-Cyr. . 9 Juill. 　– 24 Sept.

Duc De Feltre. . . . . . . 24 Sept. 　– 12 Sept. 1817.

Maréchal Gouvion S.-Cyr. . 12 Sept. 1817 – 19 Nov. 1819.

Mquis. De Latour-Maubourg. 19 Nov. 1819 – 14 Déc. 1821.

Duc De Bellune. . . . . . . 14 Déc. 1821 – jusqu'à ce jour

Ministres de la Marine et des Colonies.

*Duc Decrès. . . . . 1er Janv. 1814 – 31 Mars 1814.

* Baron Malouet.. . . . .   5 Avril 1814 – 13 Mai 1814.
Idem. . . . . 13 Mai   – 7 Sept. (1)
Comte Ferrand, *par intérim.* 7 Sept.   – 3 Déc.
Comte Beugnot. . . . . 3 Déc.   – 9 Juill. 1815.
* Duc Decrès.. . . . . 20 Mars 1815 – 9 Juill.
Comte De Jaucourt. . . . . . 9 Juill.   – 24 Sept.
Vicomte-Dubouchage. . . . . 24 Sept.   – 23 Juin 1817.
Maréchal Gouvion S.-Cyr. . 23 Juin 1817 – 12 Sept.
Comte Molé. . . . . 12 Sept.   – 29 Déc. 1818.
Baron Portal (2). . . . . . . 29 Déc. 1818 – 14 Déc. 1821.
M^{uis}. De Clermont-Tonnerre. 14 Déc. 1821 – jusqu'a ce jour

Ministres des Finances.

* Duc De Gaète. . . . . 1er Janv. 1814 – 31 Mars 1814.
* Baron Louis. . . . . 3 Avril   – 13 Mai
Idem. . . . . 13 Mai   – 26 Sept. 1815.
* Duc De Gaète. . . . . 20 Mars 1815 – 9 Juill.
Comte Corvetto. . . . . . . 26 Sept.   – 7 Déc. 1818.
M. Roy. . . . . 7 Déc. 1818 – 29 Déc. 1818.
Baron Louis. . . . . 29 Déc.   – 19 Nov. 1819.
M. Roy (3). . . . . 19 Nov. 1819 – 14 Déc. 1821.
M. De Villèle. . . . . 14 Déc. 1821 – jusqu'à ce jour

Ministre du Trésor Public.

* Comte Mollien. . . . . . . Sous Buonaparte.

Ministres de la Maison du Roi.

Comte De Blacas D'Aulps. . 13 Mai 1814 – 9 Juill. 1815

(1) Mort ce jour.
(2) Fait Pair le 24 Septembre 1821.
(3) Fait Pair le 24 Septembre 1821.

Duc De Richelieu. . . . . 9 Juill. 1815 – 26 Sept.

M. De Pradel, Directeur Général, a fait l'*Interim* jusqu'à la Nomination de M. le Marquis De Lauriston.

Marquis De Lauriston. . . . 1er Nov. 1820 – jusqu'à ce jour

Ministres sans Portefeuilles.

M. Laîné. . . . .⎫
M. Corbière. . . . .⎬21 Déc. 1820 – 14 Déc. 1821.
M. De Villèle. . . . .⎭

Préfets de Police, à Paris.

* Baron Pasquier. . . . . . . 1er Janv. 1814 – 13 Mai 1814.

Vacance.   13 Mai   – 20 Mars 1815.

* Consciller d'État Réal. . . 20 Mars 1815 – 9 Juill.

M. De Cazes. . . . . 9 Juill.   – 24 Sept.

Comte Anglès. . . . . 24 Sept.   – 20 Déc. 1821.

M. Delavaux. . . . . 20 Déc. 1821 – jusqu'à ce jour

FIN.

TABLEAU DES SESSIONS DES CHAMBRES,
Depuis 1814.
* Indique les Dissolutions.

| SESSIONS. | OUVERTURES | | | CLOTURE et DISSOLUTION des CHAMBRES. | NOMBRE DE DÉPUTÉS. |
| | DES COLLÉGES | | des CHAMBRES. | | |
	d'arrondissem.	de départem.			
	*Corps Législatif Impérial.* Duc de Massa, Président.				
1814	»	»	»	31 Mars 1814.	262
	*La même Assemblée*, adoptée par le Roi sous la dénomination de *Chambre des Députés.* M. Laîné, Prés.				
1814	»	»	4 Juin 1814.	19 Mars 1815.	262
	*Chambre des Représentans.* Cte. Lanjuinais, Président.				
1815	Mai 1815.	Mai 1815.	3 Juin 1815.	7 Juill. 1815.	60 6
	*Chambre des Députés.*				
1814	»	»	»	*13 Juil. 1815.	262
	Présidence de M. Laîné.				
1815	14 Août 1815.	23 Août 1815.	7 Oct. 1815.	29 Avril 1816.	40 2
1815	»	»	»	*5 Sept. 1816.	402
	Présidence de M. le Baron Pasquier, jusqu'au 24 Janv., et de M. De Serre, jusqu'à la fin de la Session.				
1816	25 Sept. 1816.	4 Oct. 1816.	4 Nov. 1816.	26 Mars 1817.	258
	Présidence de M. De Serre.				
1817	»	20 Sept. 1817.	5 Nov. 1817.	16 Avril 1818.	258
	Présidences de M. Ravez.				
1818	»	20 26 Oc. 1818	10 Déc. 1818.	8 Juill. 1819.	258
1819	»	11 Sept. 1819.	29 Nov. 1819.	22 Juill. 1820	258
1820	4 Nov. 1820.	13 Nov. 1820.	19 Déc. 1820.	31 Juill. 1821.	430
1821	1er Oct. 1821.	10 Oct. 1821.	5 Nov. 1821.	1er Mai 1822.	430
1822	9 Mai 1822.	16 Mai 1822.	4 Juin 1822.	17 Août 1822.	430
	Présidence de M.				
1823	13 Nov. 1822.	20 Nov. 1822.			430

TABLEAU STATISTIQUE
DE LA CHAMBRE DES DÉPUTÉS,
Divisé par Session, depuis 1818.

N. B. Il est impossible de garantir l'authenticité de ce Tableau : il n'est donné que comme approximatif.

SESSIONS.	EXTRÊME DROITE.	CENTRE DROIT.	CENTRE MINISTÉRIEL.	CENTRE GAUCHE.	EXTRÊME GAUCHE.	TOTAL général.	TOTAUX. DROITE.	TOTAUX. GAUCHE.	MAJORITÉ. DROITE.	MAJORITÉ. GAUCHE.	OBSERVATIONS.
1815	000	000	00	00	00	000	000	000	00	00	
1816	000	000	00	00	00	000	000	000	00	00	
1817	000	000	00	00	00	000	000	000	00	00	
1818	62	31	72	53	34	258	93	87	6	»	
1819	46	22	67	34	89	258	68	123	»	55	
1820	130	100	71	38	91	420	230	129	101	»	Le nombre était in-
1821	140	108	»	80	88	416	248	168	80	»	complet par ab-
1822	144	115	»	66	97	422	259	163	96	»	sence ou par va-
1823	»	»	»	»	»	»	»	»	»	»	cance.

TABLEAU DE DÉPOUILLEMENT DES SCRUTINS,

Dans les Discussions importantes relatives aux Lois d'Élection.

DÉSIGNATION.	CHAMBRE DES DÉPUTÉS.						CHAMBRE DES PAIRS.					
	Nombre des Votans.	Majorité nécess.	VOTES. Pour.	VOTES. Contre.	DIFFÉRENCE Pour.	DIFFÉRENCE Contre.	Nombre des Votans.	Majorité nécess.	VOTES. Pour.	VOTES. Contre.	DIFFÉRENCE Pour.	DIFFÉRENCE Contre
Projet présenté par M. De Vau-blanc. — Page 5.	312	157	180	132	48	»	146	74	57	89	»	32
Loi du 5 Février 1817. — Page 13.	232	117	132	100	32	»	172	87	95	77	18	»
Amendement à l'Art. 6 établissant deux degrés. — Page 12.	224	113	106	118	»	12	»	»	»	»	»	»
Proposition de M Barthelemy. — Page 15.	224	113	106	118	»	12	153	77	98	55	43	»
Rapport de 139 Pétitions. — P. 19.	229	115	112	117	»	5	»	»	»	»	»	»
Loi du 29 Juin 1820. — Page 26.	249	125	154	95	59	»	197	99	141	56	85	»
Priorité de l'Amendement de M. Camille-Jordan. — Page 25.	255	128	128	127	1	»	»	»	»	»	»	»
Amendement du Même. — P. 25.	256	129	123	133	»	10	»	»	»	»	»	»
Article premier. — Page 26.	255	128	130	125	5	»	»	»	»	»	»	»
Amendement de M. Boin. — Page 26.	251	126	185	66	119	»	»	»	»	»	»	»

www.ingramcontent.com/pod-product-compliance
Lightning Source LLC
Chambersburg PA
CBHW051244030726
47595CB00003B/1079